DOM CALMET
Abbé de Senones

Lith Laguerre à Bar-le-duc, d'après C. Chrétien phot. Nancy

UNE STATUE
À
DOM CALMET

PAR

M. LE CURÉ DE MÉNIL-LA-HORGNE

Felix, Calmetum, nimium quæ viderit ætas !
At plaga quæ dederit, multò felicior, ortum !
Dom Collin, bénédict.

BAR-LE-DUC

MADAME LAGUERRE, IMPRIMEUR	CONTANT-LAGUERRE, LIBRAIRE
rue Rousseau, 18	rue Rousseau, 36

ET CHEZ TOUS LES LIBRAIRES DE LA LORRAINE

1861

ÉVÊCHÉ DE VERDUN.

Vu et permis d'imprimer.

Verdun, le 19 février 1861.

L.-P. MAROTTE,
vic. gén.

Locus sigilli.

Bar-le-Duc, Imprimerie et Lithographie de Mme Laguerre.

NOTICE

DÉDIÉE

À SA GRANDEUR MONSEIGNEUR L'ÉVÊQUE

DE VERDUN

En vertu d'une autorisation toute bienveillante de M. le baron Rogniat, *chevalier de l'Ordre impérial de la Légion-d'honneur et commandeur de l'Ordre de Saint-Grégoire-le-Grand, Préfet de la Meuse, on peut souscrire pour la*

STATUE DE DOM CALMET

dans les Bureaux de la Préfecture à Bar-le-Duc, et dans ceux des diverses Sous-Préfectures du Département, à Commercy, à Verdun et à Montmédy.

On souscrit également chez M. l'Archiprêtre de Commercy et chez M. le Curé de Ménil-la-Horgne, par Void (Meuse).

Les offrandes peuvent être adressées soit en argent, soit en bons sur la poste, soit en timbres-poste.

UNE STATUE

A DOM CALMET

Il est un nom populaire et chéri dans le monde qui s'occupe de science ecclésiastique ou d'histoire de Lorraine, c'est celui de Dom Calmet. Nous retraçons ici en quelques mots sa vie, ses œuvres littéraires et ses vertus.

Antoine Calmet naquit le 26 février 1672, à Ménil-la-Horgne, village du département de la Meuse, situé sur la route de Paris à Strasbourg, entre Void et Saint-Aubin, dépendant autrefois de l'évêché de Toul au spirituel, et de la seigneurie de Commercy au temporel.

Les historiens et les biographes, qui parlent de Dom Calmet, ne lui assignent point d'autre lieu d'origine; ce qui est confirmé, du reste, par un document contenu dans les archives de cette commune (a). Son père, qui exerçait, selon les uns, la profession de fermier, ou domestique au château, selon les autres, celle

---

(a) *Statistique communale*, p. 6 et p. dernière. — Autobiographie dans la *Bibliothèque Lorraine*, col. 209, 217. — *Vie de Dom Calmet*, par Dom Fangé, son neveu. Senones, 1742, 1 vol. in-8°, p. 1. — Durival, *Mémoires sur la Lorraine et le Barrois*. Nancy, p. 157. — Henriquez, *Histoire de Lorraine*. Paris, 1775, t. II, p. 276. — *Éloge historique de D. A. Calmet, abbé de Senones*, par M. L. Maggiolo, inspecteur d'Académie à Nancy. Nancy, 1839, 1 vol. in-8°, p. 7. — *Histoire de Ménil-la-Horgne*, par M. Dumont, juge à Saint-Mihiel, t. II de l'*Histoire des Fiefs de Commercy*. Nancy, veuve Dard, 1856, p. 204. — *Notice biographique et littéraire sur D. A. Calmet, abbé de Senones*, par A. Digot. Nancy, Wiéner, 1860, 1 vol. in-8°, p. 6. — *Histoire de l'Église catholique*, par Rorbacher, t. XXVI, p. 125 de la 2ᵉ édit. — *Dom Calmet et la Congrégation de Saint-Vanne*, par M. Ed.

de maréchal-ferrant, se nommait Barthélemy Calmet, et sa mère Anne François. Le fils de ces gens simples, mais honorables, reçut de l'Église une parenté plus illustre : car il eut pour parrain le châtelain, M. Antoine du Laurens, conseiller en la cour suprême de Lorraine, et pour marraine Mme de Réance d'Auranville. Le baptême d'Antoine Calmet avait eu lieu le 29 février ; quelque temps après, ses parents quittaient leur village pour aller habiter celui de Vignot, où ils paraissent s'être fixés.

---

de Bazelaire, dans le *Correspondant*, t. IX, année 1845. — Les articles consacrés à Dom Calmet dans diverses revues et dans tous les Dictionnaires historiques et biographiques publiés depuis sa mort. Le *Journal de Verdun*, t. LXXXIII, année 1758, p. 31, 35.— La *Gazette de France*, N° du 5 novembre 1757. — Feller, *Biographie universelle.* — Les *Encyclopédies catholiques* de l'abbé Migne et de l'abbé Glaire.

Telles sont les sources principales auxquelles ont été puisés les détails de la *Notice*. Nous recommandons spécialement l'*Eloge historique*, par M. Maggiolo, ouvrage couronné par l'Académie de Stanislas, à Nancy, en 1839, et la *Notice* publiée l'an dernier par l'historien distingué de *la Lorraine*, M. A. Digot. Cette *Notice* se vend à Nancy, chez Wiéner, rue des Dominicains, 53, au profit du Musée Lorrain.

— 8 —

Doué dès l'enfance de dispositions étonnantes pour la piété et pour l'étude, le jeune Calmet entra, grâce à la haute protection de Mme de Beauvau, châtelaine de Vignot, au collége qu'avait ouvert au prieuré de Breuil, à Commercy (a), la célèbre Congrégation de Saint-Vannes, laquelle fut, comme on le sait, l'œuvre de Dom Didier de La Cour, né à Montzéville, dans les environs de Verdun (b).

(a) Les bâtiments de ce prieuré sont occupés actuellement par l'École normale de la Meuse.

(b) Saint Vannes est le nom du huitième évêque de Verdun (502) et d'une célèbre abbaye bâtie sous son invocation, à l'emplacement qu'occupe aujourd'hui la citadelle de cette ville forte. Voici le glorieux témoignage que rendait au XIe siècle Hugues de Flavigny : « Semblable à une ruche, l'école de Saint-Vannes attira toutes les laborieuses abeilles, qui, après s'être chargées de miel et de cire, allèrent enrichir les provinces voisines d'où elles étaient parties. De toute la Belgique et de l'Allemagne on vint prendre des leçons de vertu et de science à Saint-Vannes. » Ce tableau fut plus frappant encore de vérité, lorsque Dom Didier de La Cour eût établi la réforme de l'ordre bénédictin dans l'abbaye verdunoise (1599). Le nom de Congrégation de Saint-Vannes et de Saint-Hydulphe fut appliqué plus tard

Ce fut dans cet établissement, héritier des lumières de Dom Robert des Gabets (*a*), et sous l'œil exercé du prieur Jean-Baptiste Picart,

---

à cette réforme, parce que l'abbaye de Moyen-Moutier, qui l'embrassa avec le plus de zèle, avait pour patron le saint archevêque de Trèves, Hydulphe. De la Lorraine, la réforme bénédictine se répandit en France, surtout par les soins de Laurent Bénard, prieur du collége de Clugni, à Paris, et fut appelée la Congrégation de Saint-Maur (disciple de saint Benoît). (Rorbacher, *Histoire de l'Église catholique*, t. xxv, de la 2e édit., p. 208 et 209 ; Godescard, *Vie des Saints*, t. viii, p. 346, au 9 novemb.; Dom Calmet, *Histoire de Lorraine*, t. 1er, l. xix, p. 1079.)

(*a*) Ce bénédictin distingué, né à Ancemont, près de Verdun, qui eut des rapports scientifiques et littéraires avec Nicole, Mme de Grignan, Mme de Sévigné et le cardinal de Retz, composa plusieurs Traités appréciés par les érudits, sur la Métaphysique et la Théologie. Dom Calmet, dans la suite, de concert avec Dom Catelinot, religieux, bibliothécaire de Saint-Mihiel, fit transcrire en deux volumes in-folio ceux de ces ouvrages qui ne furent point imprimés. M. Cousin a fait l'éloge du prieur de Breuil et de ses travaux dans le *Journal des Savants*, Nos de février, mars, avril et mai 1842. Paris. (Voyez l'intéressant article que lui consacre M. Dumont dans le tome ii de son *Histoire de Commercy*, page 179 et suivantes).

ancien secrétaire du cardinal de Retz, qu'Antoine Calmet commença à déployer tous les moyens dont l'avait doué la Providence, et conçut le projet de se donner à cet ordre de Saint-Benoît, berceau de son génie. Après une année passée, la seizième de son âge (1687-1688), dans l'université de Pont-à-Mousson, où ses premiers guides l'avaient envoyé étudier la rhétorique sous le P. Ignace de L'Aubrussel, jésuite (a), il vint recevoir l'habit bénédictin dans l'abbaye de Saint-Mansuy de Toul, avec le nom d'Augustin.

Devenu profès le 23 octobre 1689, il alla étudier la philosophie, suivant les principes de Descartes, d'abord dans l'abbaye de Saint-Epvre-les-Toul, puis dans celle de Munster, où il apprit aussi la théologie, et jeta les fondements de ses vastes travaux sur l'Écriture sainte, par la connaissance approfondie de la

---

(a) Il fut prieur de la maison des Jésuites de Saint-Mihiel, en 1721 (*Hist. de Saint-Mihiel*, par Dumont, t. III, p. 58).

langue hébraïque et de la langue grecque. Six années plus tard (17 mars 1696), Dom Calmet recevait la prêtrise dans l'église de Harlesheim, et était envoyé par le supérieur général de la Congrégation dans l'abbaye de Moyen-Moutier, afin de suivre exclusivement son attrait pour les Textes sacrés, sous l'habile direction du P. Hyacinthe Alliot (a). Sa supériorité sur ses jeunes confrères parut bientôt telle, qu'il fut chargé, à l'âge de 26 ans (1698), de leur enseigner la philosophie et la théologie. Il professa jusqu'en 1704, époque de sa nomination à la charge de sous-prieur en l'abbaye de Munster. C'est ici que s'ouvre à proprement parler sa vie publique, car il commence à se révéler par le *Commentaire sur la Bible*, pu-

---

(a) Il était à la tête d'une académie savante, composée de jeunes religieux, établie à Moyen-Moutier, ainsi que dans la plupart des autres maisons de la Congrégation de Saint-Vannes. On comprend toute l'utilité de ces associations, où les lumières de chacun, mises en commun, profitaient à tous. Dom Calmet, lorsqu'il fut en charge, se hâta d'ouvrir cette source de science et d'émulation. (M. Maggiolo, *Éloge historique*, p. 70 et 71, notes 15 et 16.)

blié à Paris en 1714, qui lui avait demandé dix ans de laborieuses recherches opérées dans l'abbaye des Blancs-Manteaux et dans celle de Saint-Mihiel.

Ces grands et utiles travaux ne restèrent pas sans récompense ; en 1715 il devint prieur de Lay-Saint-Christophe, près Nancy, par la résignation que lui fit de ce bénéfice l'abbé Morel, aumônier de Louis XIV. En 1718, le Chapitre général de son ordre le nomma abbé de Saint-Léopold de Nancy, et l'année suivante, président et visiteur de la Congrégation de Saint-Vannes ; enfin, en 1728, les religieux de Senones (Vosges), le regardant comme l'ornement principal de la famille bénédictine, le choisirent pour abbé à la mort de Dom Mathieu Petitdidier, évêque de Macra *in partibus*, qui s'est fait un nom par plusieurs ouvrages estimés (*a*).

(*a*) Né à Saint-Nicolas en Lorraine, il devint novice, puis professeur de philosophie et de théologie en l'abbaye de Saint-Mihiel, enfin abbé de Bouzonville et de Senones. (Rorbacher, *Histoire de l'Église catholique*, t. XXVI de la 2ᵉ édit., p. 124.)

Le pape Benoît XIII confirma l'élection de Dom Calmet, et voulut, sur la proposition du sacré collége, lui donner le même titre épiscopal qu'à son prédécesseur (*a*). Mais le nouvel abbé de Senones, préférant les douceurs de la retraite et les loisirs de l'étude, écrivit au pontife pour refuser l'épiscopat, non dans un esprit janséniste, comme plusieurs l'ont prétendu, mais dans un esprit d'humilité chrétienne, que révèlent ses expressions (*b*). Benoît XIII lui adressa un bref, le 12 septembre 1728 (*c*), par lequel il agréait ses excuses, puis, pour lui prouver encore plus que par des paroles son estime et son affection, lui fit présent peu de temps après de ses propres ouvrages en 3 vol. in-folio. Au surplus, l'abbaye de Senones équivalait à un évêché. C'était une des plus riches du pays,

---

(*a*) Décret de la Congrégation consistoriale qui confère le titre épiscopal à Dom Calmet. (D. Fangé, page 426.)

(*b*) Lettre de Dom Calmet au pape Benoît XIII, pour le prier de l'excuser d'accepter l'épiscopat. (*Ibid.*, p. 425.)

(*c*) Bref du pape Benoît XIII. (*Ibid.*, p. 420.)

et, comme terre d'Empire, ne relevait que du pape pour le spirituel. Depuis cette époque, jusqu'au terme encore éloigné de sa carrière, car il ne mourut que dans la quatre-vingt-cinquième année de son âge (le 25 octobre 1757), Dom Calmet, renfermé dans son abbaye, s'appliqua à continuer ses études et ne cessa d'y entasser des richesses, hélas! aujourd'hui perdues, en ornant la bibliothèque et l'église (a).

Tels sont les grands traits de la vie paisible et si bien remplie du savant abbé de Senones. Ses titres à la gloire ne se trouvent point dans ces dignités dont il fut revêtu, lesquelles furent toujours au-dessous de son mérite. Cherchons-les bien plutôt dans les qualités de son esprit, manifestées par ses œuvres littéraires et dans les vertus de son cœur.

Ce sont les écrits de l'infatigable bénédictin

(a) Son travail assidu était en même temps réglé. Ainsi, il s'était fait une loi de ne jamais étudier immédiatement après les repas ni pendant la nuit (Dom Fangé, p. 179.)

plus encore que les témoignages de ses divers biographes, qui nous apprennent à admirer la pénétration de son intelligence, la fécondité de son imagination; l'étendue de sa mémoire, la facilité de sa composition, la diversité toujours agréable de ses travaux ; enfin, la patience de ses recherches. Il faudrait des pages entières pour faire connaître simplement les titres de ses œuvres qui ont paru et de celles qui sont restées inédites. Attachons-nous aux principales, dans la double sphère de la théologie et de l'histoire.

Le *Commentaire sur tous les livres de l'Ancien et du Nouveau Testament* (Paris. Emery, 25 vol. in-4° et 9 vol. in-fol.) est l'ouvrage le plus considérable que Dom Calmet ait offert à l'Église catholique. Fortement critiqué par Étienne Fourmont (*a*) et Richard Simon (*b*), il n'a

---

(*a*) Professeur d'arabe au collège de France, et l'un des érudits les plus laborieux de son époque. (*Encyclopédie catholique.*)

(*b*) Prêtre de l'Oratoire et auteur d'un grand nombre d'ouvrages pleins d'érudition, mais aussi d'inexactitudes. (*Ibid.*)

pas encore été surpassé et a mérité à l'auteur les éloges de la cour de Rome, aussi bien que de tous les savants qui l'ont lu. Voici le témoignage peu suspect d'Ellies Du Pin : « L'auteur (du *Commentaire*) traite les questions à fond ; il y rapporte les sentiments différents des commentateurs et les raisons sur lesquelles ils les appuient. On ne peut nier que ce *Commentaire* ne soit un ouvrage d'un travail très-considérable et d'une grande érudition (*a*). » Le témoignage de Voltaire ne sera pas suspecté davantage : « Rien n'est plus utile, dit-il, que la compilation des recherches de Dom Calmet sur la Bible. Les faits y sont exacts, les citations fidèles : IL NE PENSE POINT, MAIS EN METTANT TOUT DANS UN GRAND JOUR, IL DONNE BEAUCOUP A PENSER (*b*). » Nous pensons qu'ici Voltaire met dans un grand jour son esprit de contradiction, que Dom Calmet a pensé beaucoup mieux que lui, et qu'enfin si le docte exé-

---

(*a*) Bibliothèq. des aut. ecclés. du XVIIe siècle, t. VII, p. 174.
(*b*) *Siècle de Louis XIV* (Catalogue qui précède le).

gète eût moins pensé, son orgueilleux critique eût trouvé moins d'objections contre les livres saints (a).

La Bible de Vence n'est que l'abrégé du *Commentaire*, fait avec l'autorisation de l'auteur, par Étienne Rondet, et publié à Paris, en cinq éditions successives (5ᵉ édit. Paris, 1827-33, 27 vol. in-8°) (b).

L'*Histoire de l'Ancien et du Nouveau Testament* (Paris, 1737, 4 vol. in-4°), dont l'auteur avait recueilli les matériaux en travaillant sur la Bible, était destinée par lui à servir comme d'introduction à l'*Histoire ecclésiastique*, de l'abbé Fleury, dont il a imité la brièveté et la précision.

(a) Le philosophe de Ferney puisa, pour se venger du Christianisme, ses armes les plus acérées dans le *Commentaire*. En servile plagiaire, il reproduisit dans toute leur force, et presque toujours mot pour mot, les difficultés posées par notre savant hébraïsant. Pourquoi n'a-t-il pas eu la franchise de copier de même les réponses ?

(b) *Notice biographique*, par A. Digot, p. 140.

Le *Dictionnaire historique, critique, chronologique, géographique et littéral de la Bible* (Paris, 1730, 4 vol. in-f°); ce dictionnaire, qui est une répétition dans l'ordre alphabétique du *Commentaire* et de l'*Histoire*, est celui des travaux théologiques de l'abbé de Senones qui est le plus utile et le plus estimé. « Homme du XVIII° siècle, que l'on pourrait appeler le siècle des dictionnaires, il voulut, dit un biographe (a), que les saintes Écritures eussent aussi le leur. Ce fut en quelque sorte pour que la science sacrée ne restât pas en dehors du mouvement des esprits, que cet ouvrage renferme, comme la préface l'exprime, tout ce qui peut naturellement entrer dans le *Dictionnaire de la Bible*. »

Le *Commentaire*, l'*Histoire* et le *Dictionnaire* furent traduits dans toutes les langues de l'Europe, et eurent, du vivant même de l'auteur, un grand nombre d'éditions. « Dans ces trois ouvrages, dit l'auteur des *Trois Siècles*, D. Calmet s'attache moins aux réflexions

---

(a) M. Maggiolo. *Éloge historique*, p. 20.

qu'aux faits, en quoi il faut rendre justice ; car, tout ce qu'il tire de lui-même est souvent lourd et peu intéressant. » Cette opinion est vraie, quoique un peu exagérée : car le style du savant bénédictin est généralement diffus et incorrect, et sa critique ordinairement plus minutieuse que profonde ; mais il ne faut pas oublier, pour être juste envers ces mineurs opiniâtres de la science universelle, que les productions érudites exigent, sous le rapport de la forme, plus d'indulgence que les productions simplement littéraires, et que *le bon Homère, lui-même, a quelquefois dormi* (a). Les mêmes qualités et les mêmes défauts se font remarquer dans les œuvres purement historiques de l'abbé de Senones.

Considéré comme historien, il doit trouver dans le cœur de tout Lorrain la reconnaissance la plus vive : car il dota son pays d'une histoire nationale. C'est l'*Histoire civile et ecclésiastique de Lorraine* (Nancy, 1745,

---

(a) Horace. *Art poét.*

6 vol. in-f°). Sans Dom Calmet, on peut le dire, nous connaîtrions bien peu de chose sur nos antiquités, et mille secrets importants de la vie de nos pères eussent à jamais disparu dans la poussière de l'oubli. Rien ne fut négligé par l'historien pour que le résultat répondit à la grandeur d'une entreprise digne de la maturité de son talent. Il fouilla avec ardeur dans les archives des églises, des monastères, jusque dans les cabinets des particuliers. Il débrouilla le chaos des premiers âges de notre histoire, obscurcie par de fausses traditions et comme ensevelie sous une montagne de fables qu'il fallut explorer pour en tirer la vérité. Il démêla, avec une sagacité merveilleuse, l'origine de nos souverains et celle des anciennes églises de Trèves, de Metz, de Toul et de Verdun. En un mot, prenant l'histoire de sa patrie dans sa source, il en suivit le cours pas à pas, en sorte qu'il peut en être considéré comme le père (*a*).

(*a*) Au grand travail de l'*Histoire de Lorraine* se rattachent la *Notice de Lorraine*, 2 vol. in-f°, Nancy, 1756, et diverses dissertations sur ce pays.

Ajoutons que ce père de l'*Histoire de Lorraine* a couronné admirablement son œuvre par la *Bibliothèque Lorraine, ou Histoire des hommes illustres de ce pays* (Nancy, 1751, 1 vol. in-f°), et qu'il est lui-même un des plus beaux fleurons de la couronne.

Pourrions-nous oublier son travail historique le plus étendu : l'*Histoire universelle sacrée et profane depuis le commencement du monde jusqu'à nos jours*? (Strasbourg, 1735-1771, 17 vol. in-4°.) Elle eut l'honneur d'être dédiée à S. A. R. François III, duc de Lorraine et de Bar, et d'être traduite en latin (1744), en allemand (1752), en italien (1752) et en grec (1754). Dans son *Essai sur les mœurs*, Voltaire s'est permis, sans aucunement s'en flatter, d'emprunter beaucoup à cet ouvrage.

Nous nous sommes borné à citer les œuvres les plus remarquables de Dom Calmet; car, où ne nous eût pas entraîné l'analyse, même succincte, de toutes ses productions? En 1754, le critique Chevrier prétendait que l'abbé de Senones avait fait imprimer 16 volumes in-f°, 58 in-4°, et 14 de moindre format. Dans cette addition, on remarque plus d'un double emploi ; mais depuis 1754, on a donné une douzaine de nouveaux volumes dus à sa plume féconde, et il a laissé beaucoup de manuscrits (*a*).

Cette création littéraire, qui effraie l'imagination par son étendue, attira au génie créateur l'estime et l'affection des hommes les plus éminents dans l'Église et dans l'État. Nous citerons les papes Benoît XIII et Benoît XIV ; le cardinal de Rohan, le cardinal d'Alsace, archevêque de Malines ; le cardinal Passionei, nonce du pape Benoît XIII, en Suisse ; NN. SS. Bégon et Drouas de Boussay, évêques de Toul ; Mgr François Armand, évêque de Bayeux et prince de Lorraine ; Mgr Fontanini, évêque d'Ancyre ; le prince-évêque de Constance ; les RR. PP. Mabillon, de Montfaucon, Denis de Sainte-Marthe, Le Brun, Martène, Sabbatier, Tournemine, Rivet de la Grange ; les abbés Du Guet et Fleury, voilà pour l'Église ; S. A.

(*a*) Digot. *Notice historique*, p. 134. Le critique Chevrier, né à Nancy, est l'auteur des *Mémoires pour servir à l'histoire des hommes illustres de la Lorraine*. 2 vol. in-12. Nancy, 1754.

R. François III, devenu empereur d'Autriche; S. A. R. le duc Léopold Ier; Stanislas Ier, roi de Pologne, duc de Lorraine et de Bar; les princes de Hohenlohen, d'Elbeuf, de Valachie, de Craon, de Salm; les maréchaux de Noailles et de Belle-Isle; le marquis du Châtelet, enfin le savant auteur du *Parnasse français*, Titon du Tillet (a), voilà pour l'État. Comment ne point citer, après tous ces illustres amis, un prince de la république des lettres au XVIIIe siècle, dont la vénération pour Dom Calmet fut aussi réelle qu'étonnante, Voltaire? Le chef des athées écrivait de la cour de Lunéville à l'abbé de Senones, qu'il désirait venir passer auprès de lui quelques semaines de retraite. « Je veux, disait-il, m'instruire avec celui dont les livres m'ont formé, et aller puiser à la source. Je vous en demande la permission. Je serai un de vos moines. Ce

---

(a) Il promit une place honorable à l'abbé de Senones, dans une nouvelle édition de son *Essai sur les honneurs accordés aux savants*. (Dom Fangé, p. 176, et pour les autres appréciateurs de D. Calmet, *passim*.)

sera Paul qui ira visiter Antoine. Mandez-moi si vous voudrez bien me recevoir en solitaire. En ce cas, je profiterai de la première occasion que je trouverai ici pour venir dans le séjour de la science et de la sagesse (*a*). »

Voltaire passa, en effet, trois semaines dans l'abbaye de Senones (en 1754), « et il s'y comporta si raisonnablement (chose remarquable), dit un de ses biographes, qu'après son départ le Père abbé se vantait d'avoir converti le plus grand déiste que la terre eût jamais porté. Telles étaient les expressions du bon homme (*b*). »

Après la mort du savant et du sage qu'il avait su apprécier, le philosophe composa, à la prière de Dom Fangé, son neveu et son

---

(*a*) Lettre rapportée par Dom Fangé, p. 459.
(*b*) Duvernet. Dom Fangé loue la bonne conduite de Voltaire au couvent, ce dont il fut témoin, et il ajoute : Il assista le jour de la Fête-Dieu à la procession et à tout l'office, qui se fait ce jour-là à Senones avec beaucoup de pompe et de majesté, ayant témoigné être très-édifié de cette cérémonie. (Page 143).

successeur, un quatrain dans lequel il eut l'impudence de glisser une épigramme, ce qui nous dispense de le transcrire ici. A ces vers, destinés à figurer sous le portrait de l'abbé de Senones, succédait un éloge dans la lettre d'envoi : « Il me semble, Monsieur, que je rends au moins justice à la science, à la foi, à la modestie, à la vertu de feu M. Dom Calmet ; mais je ne pourrai jamais célébrer, ainsi que je le voudrais, sa mémoire qui me sera infiniment chère (*a*). »

C'est la vertu unie à la science qu'admirait Voltaire. Et, en effet, Dom Calmet se fit autant remarquer par les qualités du cœur que par celles de l'esprit. Les historiens nous le représentent à l'envi comme le modèle des religieux par sa foi, sa piété, son austérité, son désintéressement, son amour pour la pauvreté et pour les pauvres, qui bénissent encore sa mémoire à Senones, sa passion pour la solitude et pour l'étude, son application aux

---

(*a*) Voyez cette lettre dans Dom Fangé, p. 145.

fonctions de la dignité abbatiale, son culte pour la paix et la charité, enfin par sa modestie d'autant plus profonde que son mérite était plus éminent. Puisque cette vertu est la vraie pierre de touche de l'homme supérieur, aimons à en admirer les traits dans sa vie.

Né dans l'obscurité, il ne méprisa jamais sa famille, dont il soulagea la pauvreté lorsqu'il fut élevé aux premières places de son Ordre. Ces premières places étaient évitées par lui avec l'ardeur qu'emploient tant d'autres à les rechercher. « Loin de souhaiter, écrivait-il au P. Mathieu Petitdidier, qui travaillait à lui procurer un rang distingué dans la Congrégation, loin de souhaiter que l'on pense à mo pour la supériorité, on me fera vraiment plaisir de m'oublier (a). » On sait avec quel soin il repoussa la dignité épiscopale, ce qui lui valut des éloges de la part du pape Benoît XIII. Sa modestie, disent ses biographes, se re-

---

(a) Lettre publiée par M. Maggiolo, page 75 de son *Éloge historique*.

trouvait dans ses vêtements, dans ses conversations, dans sa manière de vivre (*a*). Elle est peinte dans son style : « J'écris, disait-il lui-même, tout simplement, comme je pense, sans détours et sans finesse (*b*). »

Enfin, nous en respirons encore les plus suaves parfums sur son tombeau : car voici l'épitaphe composée par lui, telle qu'on peut la lire dans l'église paroissiale de Senones, où repose son corps, depuis la démolition de l'église abbatiale par la Révolution française :

Hic jacet F.-Augustinus Calmet
Patriâ Lotharus, religione Christianus
Fide Catholico-Romanus, professione Monacus
Nomine Abbas hujus monasterii.

(*a*) Dom Fangé, qui a vécu dans l'intimité de l'abbé de Senones, comme son neveu et son coadjuteur dans les dernières années de sa vie, rapporte que lorsqu'on lui donnait des louanges sur ses vertus, sur ses écrits ou sur sa profonde érudition, il répondait quelquefois à voix demi-basse, en soupirant : Humilité! humilité. (Page 211.)

(*b*) Lettre au P. Petitdidier, publiée par M. Maggiolo, p. 33.

Legi, scripsi, oravi, utinam bene!
Hic expecto donec veniat immutatio mea.
Veni Domine Jesu!

Natus die 26 februarii anni 1672.
Mortuus die 25 octobris anni 1757.

On le voit, au delà de la vie, Dom Calmet gagne les cœurs. Car, qui pourrait résister à une telle expression de modestie, sachant que la tombe d'où elle sort renferme les restes de l'écrivain le plus fécond de la Lorraine ?

Jusqu'alors ce génie modeste ne possède d'autre piédestal que celui fait à son nom par ses nombreux et immortels ouvrages (*a*). Nous demandons pour lui un monument, sinon plus

---

(*a*) Nous avons vu avec plaisir la ville de Nancy, cette brillante capitale de la Lorraine, placer, l'an dernier, sous le portique principal de son nouveau Palais des Facultés, l'image de Dom Calmet, sculptée en petit médaillon. Elle n'est, comme la lithographie du frontispice de cette *Notice*, que la reproduction du portrait véritable conservé au musée de l'Hôtel-de-Ville.

durable, au moins plus populaire. Il a aspiré, durant son existence et même après, à descendre ; aussi voulons-nous l'élever haut dans la gloire. Autant il a illustré notre pays par le double rayonnement de sa science et de sa vertu, autant celui-ci devra tenir à s'honorer davantage par la reconnaissance envers lui.

Pourquoi Dom Calmet n'aurait-il point sa statue comme les Bossuet, les Fénelon, les Massillon, les Fléchier, les Boileau, les La Fontaine et les Lhomond ? Le génie littéraire restera-t-il chez nous sans couronne, lorsque partout ailleurs on lui en a tressé de si belles ? Et les lauriers de la science seraient-ils cultivés sur notre sol fertile avec moins de zèle que ceux de la guerre ?

Non, nous fondons un grand espoir sur tous les monuments publics élevés jusqu'à ce jour par la Lorraine à tous ses hommes célèbres et nous saluons d'avance le moment heureux où nos yeux pourront contempler sous les traits de l'humble Dom Calmet, appuyé sur ses nombreux in-folio, la science demandant à cette catholique et chevaleresque province de nouvelles illustrations.

La ville de Commercy reverra avec joie, couronné cette fois de la double auréole de la vieillesse et de la gloire, l'élève qui, de son collége de Breuil, s'est élevé vers les régions supérieures des connaissances humaines ; le village où il naquit cédera, comme un vassal devant son suzerain ; mais en conservant la juste prétention de posséder quelque souvenir apparent de son enfant le plus célèbre, afin que se vérifie la parole du moine panégyriste de Dom Calmet :

Felix Calmetum, nimium quœ viderit œtas !
At plaga quœ dederit, multò felicior, ortum ! (a)

Age heureux qui reçut Calmet avec amour !
Plus heureux le pays qui lui donna le jour !

(a) Poëme par Dom Collin. *In obitum clarissimi et doctissimi viri D. Calmet abbatis Senoniensis.*

Déjà le Conseil général du département de la Meuse, dans sa session de 1860, présidée par M. Thouvenel, ministre des affaires étrangères, le Conseil général, digne appréciateur de tout ce qui peut intéresser le pays, a émis un vœu favorable à cette pensée, en se réservant une coopération plus active lorsque les souscriptions particulières seront venues lui prouver la popularité de l'immortel historien de la Lorraine.

Nous nous adresserons donc à tous les Lorrains, jaloux de faire monter jusqu'à la mémoire de nos grands hommes le tribut de la reconnaissance publique, aux philosophes aux théologiens et aux exégètes, qui trouvent dans les écrits de l'abbé de Senones une carrière inépuisable pour leurs constructions modernes (a), aux amis de l'histoire générale et

---

(a) Voici ce qu'écrivait, en 1831, M. de Châteaubriand :

« Des entreprises littéraires qui devaient durer
» des siècles, demandaient une société d'hommes

nationale, dont la curiosité louable a toujours été agréablement satisfaite en feuilletant les pages dictées au laborieux bénédictin par

---

» consacrés à la solitude, dégagés des embarras
» matériels de l'existence, nourrissant au milieu
» d'eux les jeunes héritiers de leur robe et de leur
» savoir. Ces doctes générations, enchaînées au pied
» des autels, abdiquaient à ces autels les passions
» du monde, renfermaient avec candeur toute leur
» vie dans leurs études, semblables à ces ouvriers
» ensevelis au fond des mines d'or, qui envoient à
» la terre des richesses dont ils ne jouiront pas.
» Gloire à ces Mabillon, à ces CALMET, et à leurs
» révérends confrères, *dont les œuvres sont encore*
» *la source intarissable où nous puisons tous tant que*
» *nous sommes,* nous qui affectons de les dédaigner! »

(Passage cité par Mgr DONNET, archevêque de Bordeaux, dans sa lettre à M. le Président du Sénat, à l'occasion du rapport de M. DUPIN aîné, sur les Congrégations religieuses (23 juin 1860).

L'auteur du *Génie du Christianisme* dit encore : « Rappeler les Ruinart, les Lobineau, les CALMET, » etc., c'est rappeler des prodiges de sciences. »

(Voyez cet ouvrage. Liv. VIe, ch., V.)

Si M. de Châteaubriand eût écrit ces lignes quelques années plus tard, il eût placé parmi les *révérends confrères* de Dom Calmet les RR. PP. Dom Guél'amour de l'antiquité, aux écrivains pour qui la plume est demeurée un instrument de moralisation, au clergé surtout, gardien-né de la science sacrée (a) et imitateur par devoir, du zèle qu'a déployé à son service, jusque sous les glaces de l'âge, le prêtre le plus illustre de la Congrégation de Saint-Vannes (b).

Nous nous ferons avec bonheur le mendiant de la gloire de notre Dom Calmet. Chacun de

---

ranger, abbé de Solesmes (Sarthe), et Dom Pitra, religieux de la même abbaye, qui, de nos jours, font fleurir la science sacrée, à l'égal de leurs immortels devanciers.

Nous regrettons vivement que l'*Histoire des Moines d'Occident*, par M. le comte de Montalembert, ne compte encore que deux volumes, nous aurions eu sans doute à citer ici un brillant témoignage en faveur de l'abbé de Senones. Les belles pages que nous avons lues nous font porter ce jugement, qui n'est point téméraire.

(a) *Labia sacerdotis custodient scientiam* (Malach. II, 7,)

(b) A 84 ans (1756), Dom Calmet publia le premier volume de la *Notice de Lorraine*. Le second fut publié par son neveu en 1762. (M. Maggiolo, p. 111)

ceux à qui nous tendrons la main voudra bien y déposer l'obole que les habitants de la Grèce ne refusèrent jamais, même après sa mort, à leur vieil Homère (*a*).

E. La Bouille,

Curé de Ménil-la-Horgne (Meuse).

(*a*) On sait avec quel zèle pieux les populations, que le *divin poète* charma par ses chants, l'aidèrent à supporter le fardeau de l'indigence, et avec quel enthousiasme les sept villes, qui se disputaient la gloire de lui avoir donné le jour, élevèrent des statues et même des temples au père de l'*Histoire grecque*.

CONSEIL GÉNÉRAL DE LA MEUSE.

SESSION DE 1860.

Séance du 2 septembre 1860.

Le Conseil général entre en séance à 7 heures du matin.

Rapport de la Commission.

Messieurs,

Il vous a été remis un mémoire tendant à obtenir de vous un vœu favorable à l'érection d'une statue à Dom Calmet, dans la ville de Commercy, ainsi qu'à l'établissement de son buste à Ménil-la-Horgne, lieu de sa naissance.

Votre Commission pense qu'il y a lieu de bien accueillir ce témoignage de reconnaissance pour le savant historien de la Lorraine ; mais elle croit qu'il doit être avant tout l'œuvre des souscriptions particulières qui pourront être recueillies tant dans la Meuse que dans les départements voisins. Il vous appartiendra plus tard, suivant les circonstances et les possibilités du budget, de vous y associer ou non d'une manière plus efficace.

Délibération.

Le Conseil adopte l'avis de la Commission.

Pour copie certifiée,

Le Conseiller de Préfecture, Secrétaire général,

Signé : L. Henry.

Bar-le-Duc. Imprimerie de Madame Laguerre.

www.ingramcontent.com/pod-product-compliance
Lightning Source LLC
LaVergne TN
LVHW020057090426
835510LV00040B/1748